W0285218

Écrit par Nathalie Tordjman
Illustré par Sylvaine Pérols

Conseil pédagogique :
Équipe du bureau de l'Association Générale des Instituteurs et Institutrices des Écoles et Classes Maternelles Publiques.

Conseil éditorial :
Christian Souchon, Maître de conférences d'écologie à l'université Paris VII.

ISBN 2-07-057088-6
© Éditions Gallimard Jeunesse 2005
Dépôt légal : mai 2005. Numéro d'édition 136146
Loi n° 49-956 du 16 juillet 1949 sur les publications destinées à la jeunesse.
Tous droits de traduction, de reproduction et d'adaptation réservés pour tous pays.
Imprimé en Italie par Editoriale Lloyd

Au cœur de la haie

GALLIMARD JEUNESSE

Aimes-tu cheminer le long des haies, lorsque tu te promènes dans la campagne ? Ces bandes étroites d'arbres, d'arbustes et de branchages qui entourent les champs ou les jardins sont pleines de vie et de surprises. Un paysage constitué de champs et de prés entourés de haies s'appelle un bocage.

Il y en a surtout en Grande-Bretagne et dans l'ouest de la France. Bordant les chemins et les rivières, les haies rendent nos campagnes agréables et vivantes. Mais les haies ne sont pas seulement belles, elles sont aussi utiles.

Beaucoup de plantes et d'animaux sauvages s'abritent dans la haie, car ils peuvent y vivre et s'y nourrir.

La haie rend aussi bien des services aux hommes.

Elle sert de clôture, donne des fruits bons à manger. Elle freine le vent violent, fait de l'ombre aux animaux domestiques. Quand arrive l'orage, elle évite les inondations catastrophiques : ses arbres absorbent beaucoup d'eau par leurs racines. Mais la haie doit être taillée chaque année. Elle devient alors une barrière épaisse et efficace.

La haie "morte" des fermiers anglo-saxons est construite avec des branches d'arbre plantées dans le sol et entrelacées.

Sais-tu que cette haie qui longe le chemin a peut-être plusieurs siècles ?

Pour savoir son âge, il faut observer les arbustes qui la composent. S'il y en a deux ou trois sortes, elle est jeune. Si tu en trouves sept, la haie a cent ans.

Autrefois, les paysans venaient récolter dans la haie des fruits et des plantes. Ils y coupaient du bois pour se chauffer et du fourrage pour nourrir leurs animaux.

Les haies les plus anciennes ont plus de cinq cents ans ! Elles sont formées par une dizaine d'arbustes différents. Au fil des siècles, la haie change de visage. Mais tu peux aussi observer ses transformations tout au long de l'année.

En janvier, les haies sont dénudées.

C'est le moment où tu peux voir les épines pointues de l'aubépine et du prunellier. Les rameaux sont si bien enchevêtrés que seuls les petits animaux arrivent à traverser ces buissons. Pour lutter contre le froid et se nourrir, la musaraigne fouille jour et nuit sous les feuilles mortes à la recherche de vers de terre ou d'insectes engourdis.

Avec leur capuchon noir, les mouettes se préparent déjà au printemps.

En hiver, l'aubépine, ou épine blanche, garde ses fruits ramollis par le gel.

Les épines pointues du prunellier, ou épine noire, rendent la haie impénétrable.

Le vent froid de février parcourt la campagne. Quand il rencontre une haie, il cherche le moindre petit trou pour se faufiler. S'il y a un arbre mort, il s'engouffre dans cette brèche. Mais si les rameaux sont bien emmêlés, le vent contourne la haie ou passe par-dessus. Bien à l'abri derrière ce brise-vent, les animaux ont moins froid.

Avant la fin de l'hiver, les chatons du saule fleurissent.

Les insectes des champs voisins se sont réfugiés sous les feuilles mortes et dans l'écorce des arbres. Le renard affamé vient visiter le pied de la haie. Il se régale de fourmis, de larves, de racines ou, s'il l'attrape... d'un mulot ! Tit, tit, tit, le petit troglodyte fuit aussi les champs durcis par le gel et trouve au cœur de la haie le meilleur des abris.

Dès que le sol n'est plus gelé, tu peux apercevoir les pousses vertes de l'arum tacheté.

Dès le mois de mars, les plantes sortent de l'engourdissement de l'hiver.

C'est le mois le plus favorable pour planter une haie.

En Bretagne, les haies sont plantées sur des talus de terre et sont longées par un fossé qui retient l'eau de pluie.

Les arbres qui poussent le long des rivières forment une longue haie. Ils empêchent les berges de s'écrouler.

Autour des maisons, les haies détournent le vent et le bruit de la rue; elles apportent les parfums de la campagne.

Dans les régions de bocage, les haies ont été construites avec des arbustes qui apprécient le sol et le climat du pays : à chaque région son paysage.

En Provence, pour freiner le mistral, les haies sont souvent constituées de cyprès plantés en rangs serrés.

Les haies de buis et d'ifs des jardins à la française sont taillées selon des formes bizarres !

Il ya aussi des haies sous les tropiques. Autour des jardins, elles sont faites avec des cactus, qu'il faut également tailler.

Quand avril s'annonce, la sève monte rapidement des racines vers les plus fins rameaux.

Elle fait éclater les bourgeons en fleurs et en feuilles. Le prunellier se couvre de petites fleurs blanches. Chacune ne s'épanouit que pendant dix jours. Elles seront toutes fanées quand les premières feuilles apparaîtront. Au pied de la haie, d'élégants champignons ont poussé en cortège : les coprins.

Dans la haie, la mésange a trouvé tous les matériaux pour bâtir un berceau douillet.

Pour les oiseaux, les jours qui s'allongent sont un signal. Chacun lance son chant d'amour et s'affaire à construire son nid, bien à l'abri de ses ennemis et du mauvais temps.

En mai, la haie devient une nursery à tous les étages. Elle offre un abri sûr et un menu frais à chaque nouveau-né ! De voraces chenilles sont sorties des œufs abandonnés par le papillon. Elles se rassasient en s'attaquant aux feuilles de la ronce. Mais elles sont les proies du couple de mésanges qui attrape plus de 400 chenilles par jour pour nourrir ses petits affamés.

Avec la chaleur du printemps, la couleuvre part en chasse et s'attaque aux œufs abandonnés quelques instants.

Les quelques feuilles de ronce restées sur les rameaux pendant l'hiver tombent. De nouvelles feuilles d'un vert tendre se développent. Elles sont aussitôt envahies par des pucerons qui sucent leur sève. Cela fait le bonheur des coccinelles qui se nourrissent de pucerons à chaque repas !

Les ronces fleurissent les buissons de mai à octobre.

Chouette chevêche ▶

Les nuits de juin sont les plus courtes de l'année.
Pour les animaux qui dorment tout le jour dans la haie, il n'y a pas de temps à perdre ! Au crépuscule, tu as des chances d'entendre les cris de la chouette chevêche. Elle part en chasse. Fixant l'obscurité de ses yeux jaunes, elle guette et capture mulots et campagnols. Elle rend ainsi un grand service à l'agriculteur. En effet, ces petits mammifères aiment ronger les plantes cultivées. S'ils sont trop nombreux, ils détruisent des récoltes entières.

A la tombée de la nuit, le hérisson sort chasser.

A la vue d'une couleuvre, il devient très vif, et se jette sur elle.

En juillet, le blé est mûr.
C’est le bon moment pour moissonner. Les épis qui poussent à l’ombre de la haie sont parfois moins gros que ceux qui grandissent à l’abri du vent au centre du champ. Beaucoup d’agriculteurs arrachent les haies pour agrandir leur terre cultivée. Ainsi, les tracteurs et les grosses machines agricoles peuvent mieux circuler.

Des années après avoir arraché les haies, les agriculteurs réalisent combien elles leur étaient utiles.

Mais sans haie, les ennuis commencent... Les vents ne sont plus freinés. Ils couchent le blé et assèchent le sol. Les oiseaux s'enfuient, les chenilles font des ravages et les campagnols se régalent...

Sous la chaleur d'août, la haie est calme. Au milieu de l'après-midi, tu n'entends que le bourdonnement des insectes. De fleur en fleur, ils se régalent de pollen, de nectar et de feuilles tendres.

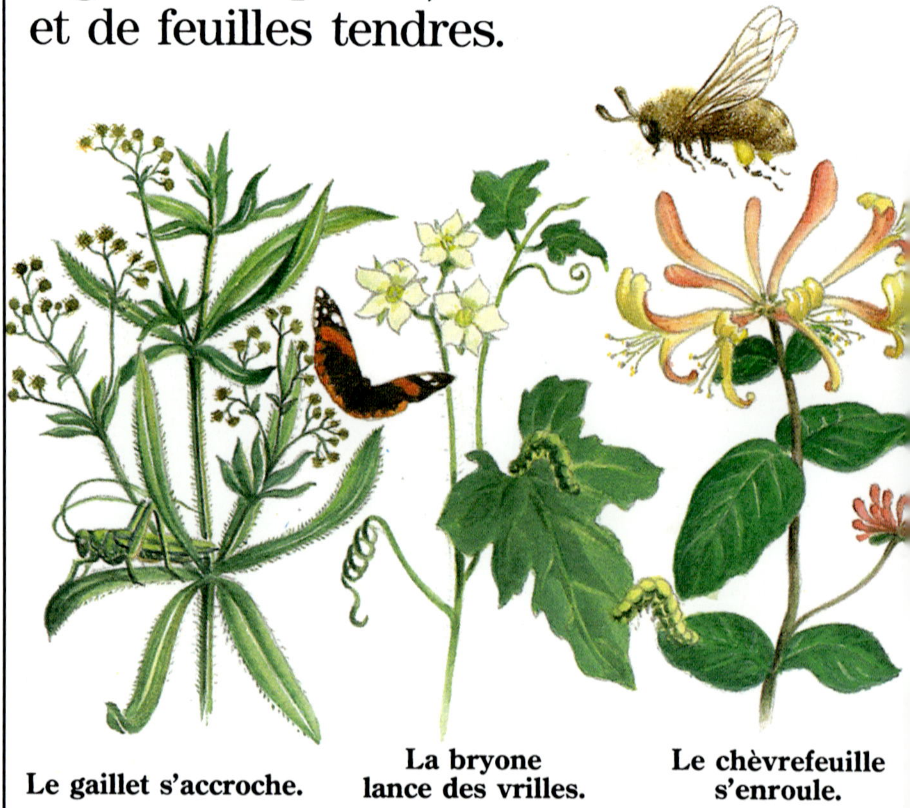

Le gaillet s'accroche. **La bryone lance des vrilles.** **Le chèvrefeuille s'enroule.**

Toutes les plantes ont besoin de lumière pour pousser. Les plus petites n'ont pas de forte tige pour se dresser vers le soleil.

Elles s'enroulent ou s'accrochent autour d'un arbre.

La douce-amère s'enroule.

Le liseron s'enroule.

Le camerisier se tient seul !

Grâce à des crampons, des vrilles, des piquants ou des crochets, elles atteignent le sommet de la haie.

Les racines du lierre sortent de la tige, s'accrochent sur l'écorce d'un arbre et lui permettent de grimper.

L’automne est la saison des récoltes. Les fleurs du printemps ont fané pour laisser la place à de petits fruits qui ont grossi sous le soleil de l’été. **<u>En septembre, ils sont enfin mûrs.</u>**

La haie livre ses fruits aux animaux. Attention ! certains sont toxiques pour les hommes. N’en mange pas !

Avec les fruits de l’églantier et de l’aubépine, on peut préparer des compotes et des infusions.

Fruits de l’églantier

Mûres

Fruits de l’aubépine

Noisettes

Dans les buissons, les merles picorent les mûres et les baies de sureau. Les campagnols, plus prudents, cherchent des provisions pour l'hiver.

Dans un arbre creux ou dans un nid abandonné, ils cachent des noisettes, des glands et des pommes sauvages.

Autrefois, les prunelles et les baies du sureau servaient à faire du vin. Les baies rouges du houx sont toxiques.

Fruits du sureau

Pommes

Fruits du houx

Prunelles

Les feuilles des buissons ont perdu leur couleur verte.
En octobre, les chasseurs battent la campagne. Ils traversent les champs labourés qui n'offrent plus de cachette aux animaux. Le faisan cherche près de la haie quelques glands, des escargots ou des graines d'orties.

Les graines de la clématite à la chevelure neigeuse sont dispersées par le vent.

Les graines du gaillet gratteron voyagent en se fixant sur le pelage des animaux qui passent.

Grâce aux couleurs de son pelage, le lièvre tapi au pied de la haie passe inaperçu. Mais les chiens de chasse risquent de le découvrir... à cause de son odeur.

Les arbres taillés en têtard portent de fins rameaux au sommet du tronc.

Novembre est le mois des grands travaux pour la haie. Il faut couper les branches trop longues et entremêler les plus basses pour combler les vides. Après trois ans de bons soins, la haie devient solide et touffue à la base. Pour éviter que les arbres ne deviennent trop hauts, on leur coupe parfois toutes les branches du sommet. Les arbres taillés ainsi s'appellent des têtards. Malheureusement, les haies taillées aujourd'hui ne sont plus souvent entretenues. Pour combler les vides créés par un arbuste mort, il est plus rapide de poser une clôture en fil de fer barbelé. De cette façon, les haies disparaissent et leurs habitants n'ont plus qu'à s'enfuir.

Autrefois, l'émondeur utilisait une serpe pour tailler les buissons à la main. Aujourd'hui on emploie une tronçonneuse.

Ce matin de décembre, le bourdonnement des insectes a cessé dans la vieille haie. La plupart sont engourdis et ne se réveilleront qu'au printemps. Cela rend la vie bien difficile aux oiseaux.

Au pied de la haie, le hérisson bien gras s'est endormi. Il s'est couvert de feuilles pour ne pas être remarqué par ses ennemis.

Les animaux qui luttent contre le froid fouillent les feuilles mortes accumulées au pied de la haie. L'épais tapis qu'elles forment au début de l'hiver va peu à peu disparaître. Les feuilles mortes vont être tassées par la neige, puis découpées, mangées et transformées en humus par des milliers de petits animaux.

Houx, fragon et gui, on récolte dans la haie à Noël les rameaux qui conservent leurs feuilles bien vertes pour décorer les maisons.

Les vers de terre participent à ce grand nettoyage. Ils entraînent des débris végétaux dans les profondeurs de leurs galeries. Là, ils digèrent et rejettent des éléments très riches qui seront puisés par les racines des plantes au printemps prochain. Alors de nouvelles feuilles pousseront et tant que la haie avec tous ses habitants sera là, tout recommencera...

Les oiseaux affamés profitent des fruits du lierre qui restent suspendus dans la haie.

Veux-tu élever des chenilles?

Au printemps, tu peux facilement en trouver le long d'une haie.

Comme les chenilles ne se nourrissent souvent que d'une seule sorte de plante, ramasse aussi du feuillage sur lequel tu les trouves.

Installe-les dans une cage entourée d'un fin grillage et change le rameau dès qu'il est fané. Mais ne touche pas aux chenilles, cela pourrait te brûler comme des orties.
Pour grossir, les chenilles changent plusieurs fois de peau. Quand elles ont fini de grandir, elles se transforment en chrysalides. Enveloppées de fils de soie, elles restent immobiles. Il ne faut pas les déranger, et être très patient.
Au bout de quelques semaines, un papillon sortira de chaque cocon. Il déploiera ses ailes et les séchera avant de s'envoler.

La chenille de la zérène du groseillier se nourrit aussi des feuilles de l'aubépine. Le papillon vole tout le jour en été.

Le bonheur est dans le pré, cours-y vite, cours-y vite.
Le bonheur est dans le pré, cours-y vite. Il va filer.

Si tu veux le rattraper, cours-y vite, cours-y vite.
Si tu veux le rattraper, cours-y vite. Il va filer.

Dans l'ache et le serpolet, cours-y vite, cours-y vite.
Dans l'ache et le serpolet, cours-y vite. Il va filer.

Sur les cornes du bélier, cours-y vite, cours-y vite.
Sur les cornes du bélier, cours-y vite. Il va filer.

Sur le flot du sourcelet, cours-y vite, cours-y vite.
Sur le flot du sourcelet, cours-y vite. Il va filer.

De pommier en cerisier, cours-y vite, cours-y vite.
De pommier en cerisier, cours-y vite. Il va filer.

Saute par-dessus la haie, cours-y vite, cours-y vite.
Saute par-dessus la haie, cours-y vite. Il a filé!

Paul Fort
Ballades françaises
Flammarion

Déjà parus

1. Comment vivent les animaux en hiver ?
2. Les baleines et autres mammifères marins
3. Sur les bords du Nil, au temps des pharaons
4. À l'abri des châteaux forts
5. Le riz : ce grain si petit qui nourrit le monde
6. Étranges animaux de la préhistoire
7. Le lait pour tous les petits
8. L'histoire de la feuille de papier
9. Loup, qui es-tu ?
10. Le chocolat, le thé et le café
11. L'histoire de la naissance
12. Le pain de ma tartine
13. Le ciel, le soleil et le jour
14. Le ciel, les étoiles et la nuit
15. Le ciel, l'air et le vent
16. Grand, fort et sage, l'éléphant
17. Comment vivaient les Romains ?
18. L'aventure de la pomme de terre
19. Qui a peur des crocodiles ?
20. Abeilles, fourmis, termites: des insectes en famille
21. Le cochon et ses cousins
22. L'ours, un géant pas si tranquille
23. Au cœur de la haie
24. Dans le jardin, des fruits et des légumes
25. Les volcans, des montagnes vivantes
26. Musique!

Découverte Benjamin